Sommaire du Fantasque

Poèmes en français

choisis de

«Colourful Citations»

N·A·N·K·E

© 2015, Edmond-Aimé Kabushemeye Nkinzo.
Tous droits réservés.

Les personnages et les situations de ces récits étant purement fictifs, toute ressemblance avec des personnes ou des situations existantes ou ayant existé ne saurait être que fortuite.

L'auteur se réserve le droit exclusif à cette œuvre. Toute publication ou reproduction, partielle ou complète, non autorisée est interdite.

Poèmes
- La mort de la sirène 6
- Qu'elle m'emporte 7
- De l'autre côté du miroir 8
- Amymoné 9
- Amnésie 11
- Dictature suicidaire 12
- Babylone 13
- Un nouveau musicien 14
- Terre, Adam, à Ève 15
- Mon incorruptible 16
- Plutôt combustible 17
- Au contraire, c'est l'inverse 19
- Le prophète 21
- Ce jour là 22
- La dernière merveille 23
- Au bout du compte 24
- Les derniers et les premiers 25
- Le son du retour 26
- Le temple de jadis 27
- Sans démesure 28
- Je t'haïssais 29
- Je tombe 30
- Je parle d'amour 31
- Point de service 32
- Nos nuits 33
- Tout mon univers 34
- Ce n'était jamais de l'amour 36
- L'érection 38
- Esmeralda 39
- Le va et vient 40
- Hospitalier 42
- Les fleurs du mal 44
- La chaise 46
- L'attente 47

La nuit ne finit pas	49
Elle arrive	51
Les enfants d'hier	52
Samedi soir et dimanche matin	54
Prêt à voyager	56
Les pauvres	57
Le ciel en morceaux	59
Elle ne s'arrête point	60
Le début à la fin	61
La traversée	62
L'automne à nos trousses	63
L'écarlate	64
Les incorrigibles	65
Les œuvres au fusain	66
Sans passion, sans façon	67
À t'entendre	69

Poetica

La mort de la sirène

Mimant les rochers entamés par les vagues
Ses yeux devenaient gris, brillants comme à l'accoutumée.
La lune éclaire encore sa queue écarlate
Dont les écailles ternies par l'instant arrêtent de scintiller

Le monde se courbe et s'agenouille en silence
Pour suivre l'oraison de la brise
Qui souffle sur sa peau dorée
Pour implorer le retour des temps enchantés

Mais rien y fait et elle reste immobile
Fière d'avoir reçu et aimé.
La pluie forme ses larmes pour singer l'agonie
Que seule pourrait cacher notre sirène

Qu'elle m'emporte

Qu'elle m'emporte!
Dans sa démarche, je me perds
Dans son sourire, je me terre
Qu'elle m'emporte!
Si je devais partir, je partirais.
Si je devais mourir, je mourrais.
Tant qu'elle met son cœur sur le mien
Tant qu'elle me sourit le matin
Qu'elle m'emporte!
Elle m'ouvre les bras et déjà
Je me demande pourquoi
Aussi longtemps qu'elle explique
Je ne la comprends pas! Je m'en fiche.
Qu'elle m'emporte!
Elle me libère de tout
Mes peurs et mes angoisses
Mes larmes et ma solitude.
Alors oui je m'en fous
Qu'elle m'emporte!

De l'autre côté du miroir

Tu m'étais étrangère
Mais tu me plaisais déjà.
Tu m'as offert ton amour
Mais je ne le voyais pas

Depuis un certain temps
Je ne pense plus qu'à te revoir
Et cela ne changera pas, aussi longtemps
Que je me souviendrais de tes yeux, de ton sourire
Car j'ai vu le reflet du monde
Sur l'écran de tes yeux
Se courber comme une feuille
Dans le vent, sous un ciel nuageux

Tu portes en toi un monde de rêves
Que tu ne peux pas voir.
Plus tu souris, plus il y a espoir
D'atteindre cette dimension fantaisiste
Car ton sourire y mène
Tout simplement par son contact.
Je n'y suis pas allé
Mais s'il le faut, je signerais un pacte
Avec anges et démons
Pour que, ne fut-ce qu'une fois, je puisse
Mourir et renaître dans ce monde
Qui brille toujours la nuit quand tes yeux sont fermés

Amymoné

Quand le parfum de ta peau
Se mélange à l'herbe verte
Que tes yeux se mélangent
À la couronne que forme le soleil
Sur mes paupières et dans leurs dos
Les collines s'éloignent
Et un déluge remplit les ruisseaux.
Je me retrouve seul
Pour admirer les merveilles
Qui t'animent et dont tu vies à défaut
D'être une déesse parmi les mortels
Qui t'offrent leurs cœurs blessés pour que tu les soignes.
Quand ta chevelure
Dérange les étoiles
Les déportent vers un abîme invisible
Que tes mots
Entasse l'atmosphère au sol
Tout devient uniforme.
L'homme se mélange à la nature
Et la vie se complète avec la mort.
J'en souffrirais mais c'est beau.
Tu changes le monde par magie.
Tu unies mes jours à mes nuits.
Tu soulèves l'inquiétude
Avec la brise depuis le Sud
Et les saisons s'arrêtent quand tu commences à rire.
Reste après mon départ, je ne veux pas que ça empire
Tu es faite pour donner forme à la terre
Et je ne suis fait que pour la détruire.
Si j'étais ton égal
Nous serions en guerre.
Oublie mes sourires
Et tout ce que j'ai pu dire.
Bien que c'était vrai

J'aurais dû me taire.
Pardonne mes actes égoïste.
Tu dois rester pure.
Tu le dois à la nature
Qui t'attends dehors

Adieu, fille de Danaos.
Les étoiles se perdent
Dans le cosmos.
Va les capturer
À nouveau dans ton orbite
Qui les fait véhiculer
Comme les oiseaux qui gazouillent
Une mélodie que tu luttes

Amnésie

Qu'avez-vous fait
Des hommes qui foulaient
La terre de ces contrées?

Qu'avez-vous fait
Des femmes qui vivaient
De la semence qui y poussait?

Qu'avez-vous fait
Des enfants qui y sont nés
En jouant la journée
Et en chantant la soirée?

Qu'avez-vous fait
De ces gens qui partageaient
Ce pays où je ne suis pas né?

Des milliers d'innocents
De centaines dans l'erreur

Certains n'étaient pas des enfants
Mais ils sont tous morts dans la peur

Où sont les corps
S'il manque des tombes?
Quel était le sort
De ceux qui succombent?

Il ne resterait plus
Que des trous dans la terre
Si on avait tous cru
Que la réponse aux conflits était la guerre

Dictature suicidaire

Je vais de pics en vallées
Pour escalader des montagnes
En inondant d'idées
Pour mener ma campagne
Dans le camp des déserteurs
Blessés sur le champ de bataille
Par les balles des mitrailleurs
De tous côtés où que j'aille.
Je les entraîne dans un traquenard
D'où ne sortent que les prêcheurs
Qui se trouvent être des flémards
Retenus au sol par la peur
Et élevés au retour
Au rang de rêveurs
Dont on se rappellera pour
Leur folie des grandeurs, plus tard
Pour inspirer les jeunes
À faire de même
Plaire à la foule et nourrir la haine
Comme ces mourants
Qui s'épuisent car ils m'aiment
Qui forment le dernier carré
Pour me protéger de mes courtisans
Qui ont compris comment régner.
Mais je chute dans une autre vallée
Qui se trouve sur un autre pic
Et je panse mes blessures gangrenées
Causées par les chutes dans le roc

Babylone

Dans ma ville
Pickpockets par des putes coquettes
Y a plus de quequettes pour les autres cocottes
Quand t'y chill
Clique sur le clit' quitte à c'qu'il éclate
Comme ta verge, ton joint et ta tête

Ils s'empilent
Les keufs qui gèlent, les meufs sans ailes
Les vieux qui scellent les bleus sans zèle.
Ils se défilent
Les hommes de carrière, les femmes en colère
Les mômes en galères, pour monter 6 pieds de terre.
Aucun n'est habile
Charmes sans prouesses, bourdes qui s'entassent
Connards qui s'abaissent sous la horde de pétasses.
Comme une île
Babylone s'éloigne des hommes, cloître ses femmes
Par ses tours de rogne que forment ses flammes.
Tu tombes à pile
Site infecté, zone censurée
Par le crime, la crème du corps déversée.
Si t'es vile
Viens dans ma cité pour ton trépas
Babylone, a lone baby sans Baba

Un nouveau musicien

Apte à fixer sur papier les notes qu'il fredonne
Il sait que ces La sont des consonnes.
C'est le moment clé pour le premier sol
Mais il s'arrête, à la porte, un con sonne.
Ça a pris six mois de lignes
Et de rondes à écrire pour qu'il s'en serve
Pour qu'il capte et retranscrive une mélodie
Qu'il ne peut taire et ça l'énerve

Aucune hampe pour sa voix, il est muet
Comme une pause arrondie
Deux fois plus longue qu'une blanche et un soupir sans un bruit.
C'est un bémol sur ses paroles mais un ton fort sur sa musique.
Depuis longtemps il écoute le temps
Sur sa portée car sa montre tique

C'est un violoniste qui coordonne un orchestre
D'un seul musicien.
C'est un soliste alors personne n'orchestre
Au pupitre pour sa composition
Et ce soir il jouera d'un instrument
Celui d'un autre et non le sien
Pour marquer qu'il est quelqu'un de nouveau
Dans son interprétation

Il y a moins d'un an
Que ses partenaires l'ont quitté dans un fracas.
Pendant tout ce temps ça l'a miné mais il leur fait hommage.
Aujourd'hui c'est un virtuose
Qui interprète l'harmonie sur une page
Et à lui seul il joue un répertoire
pour l'ouïe et l'art, humble, tout bas

Terre, Adam, à Ève

Des côtés, j'en ai deux pour en avoir un où te mettre.
De côté, je peux admirer ta silhouette
Et mon cœur se met à battre.
D'un côté, je suis orgueilleux, d'un autre, généreux, de t'avoir
À mes côtés, car c'est pour moi mais aussi pour toi, cet amour

J'ai la côte, un gars pris a tant de charme ajouté par la chaîne.
Toutes les côtes nous regardent
Tel l'horizon de l'océan qui se déchaîne.
D'une côte, on se ressemble et je me reconnais dans ton rire

Il y a tant à apprendre.
Comme le tout j'apprécie les petits délices que j'en reçois.
Ils prennent peu de place mais
Quand les temps durcissent ils les lissent.
Un tout et des fragments qui comblent la moitié
Dont je ne pouvais me servir

Je sais ôter tant de ta vie c'est sauter
Dans un vide sans parachute
Mais on peut commencer à la taie d'oreiller
Et finir au sol au pied du sommier.
Je sais c'est haut, te suivre fais parler ces hiboux qui chuchotent
Mais je ne regrette pas avoir pris à tes côtés
Un fruit de ce pommier

Mon incorruptible

À la mer, secoué de tous côtés, à la surface
Sans flotter, attaché à une ancre

Je peux me débattre et cette traîtresse
Peut se déchaîner de toutes ses forces
Mais même si mon port est inondé
Je suis amarré et immuable tel un cancre.
Tout peut arriver tant que les chaînes
Me retiennent et que la lune est basse

La différence et le nouveau sont éphémères
Ils ne peuvent gagner ma confiance.
Il faut quelque chose d'omniprésent
D'irréfutable, dotée d'une infaillible consistance.
C'est mon Incorruptible, fidèle au poste
Du matin au soir, une main sur mon regard.
Une force sans précédent ni pareil
Qui ne dépend de rien et existe sans égards

Parce qu'on oublie, parce qu'on faiblit
Parce qu'on succombe et puis on croupit
Parce qu'on ne lui doit rien.
Même avec cette chaîne, je reste libre et tout est possible.
Elle est juste là, pour me rappeler
Qu'au fond, un poids me lie au socle d'où je régis.
J'ignore être tombé d'un navire
Mais je peux faire de cette île un havre insubmersible

Plutôt combustible

Si peu de sourires et tant de force
Dans cette image infernale prisonnière
Perdue parmi tes cils fermés sur ton regard
Par le nombre de fois qu'on se trahit

C'est pas que les murs me questionnent
Ou que tu me répondes sans bruit
Tout ce savoir inconscient est inné.
Il me faut quand même apprendre et me taire

Sur une route de paille
Je sinue de droite à gauche, bas, vers la lune.
Le vent roule doucement des pierres
Suspendues entre deux mers
Comme un courant là où se séparent les âmes de leur corps.
Son halo opaque irradie le ciel bleu
Et blanchit cette noire lacune.
Sur la pointe des pieds, je troue mon chemin et mesure mes pas.
Je ne descends pourtant pas
Le jaune de ce sol est plus vert plus bas

La poussière éclate pour donner
De l'artifice en feu derrière un voile si fin
De lin lourd quand je marche si vite
Avec mon cœur un pas en arrière si loin.
De loin sourd l'éclat de la trainée
De mon chemin à l'envers me revient
C'est une ombre qui scintille parmi les aurores
De mes gestes qui recule et se souvient

Les mains ouvertes pour fendre la brise
Qui s'égoutte de mon heure
J'apparais come un spectre condensé
Entre deux faisceaux d'énergie

Qui s'écroulent en un moment et en un point où le désir dure
Et durcit pour goutter comme la fin
Mais au début continuent à se lier par synergie

Je me fie à mon ouïe pour mes arrières
Et du coin des yeux je vois le vide.
Je sais très bien ce qu'il y a derrière
Mais du fond du cœur, je vide ma voie.
Il y a beaucoup ici et je sais encore si peu
L'amour bouge et la soif se déploie.
Comme une plume sur ton épaule
Qui s'envole, toujours léger, je plane encore raide

Au contraire, c'est l'inverse

La couleur du cœur c'est la couleur du sang.
Si l'amour y réside, il en est autant
Pour lui comme pour nous.
Comme on commence vides
On ne voit rien et on s'aveugle quelques temps.
L'amour c'est le sacrifice, un vide qui s'écoule tel
Et accule comme un vice car c'est de l'artifice
Pas un mensonge mais une illusion
Pas un rêve mais une confusion
Ductile, fuselée pour qu'il suffise.
Mais il n'en est pas le cas
Car le coup sous la ceinture
Vient du coût du comble d'un troc sans échange.
Il n'y a pas de valeurs, ni de système
Et le besoin n'est que la cendre d'une vision utopique
Brûlée par un froid étrange.
Étranger comme le passager, car il n'est pas là
Comme on ne va nulle part et qu'on ne le voit pas
Qu'où qu'on soit ce n'est pas là et qu'à ce qu'on sache
C'est ailleurs, mais on ne sait pas

Le doute vient de l'espace parsemé de feux éteints
Qu'on voit encore briller dans un ciel mal éclairé.
Éclairés certains trouvent l'amour dans la mort
Qui se traduit aux peureux et aux braves comme de l'avarice.
Les premiers, feignant la sagesse, se font des réserves
Et les autres, faute de tendresse, en réservent aux masses
Mais si tant dressent pour un fin parage un ultime hommage
C'est sans douter d'une chute de notes de Si en Ré
Mais six arrêts sont faits comme six retraits
Ce qui soustrait le double mais au comble sonne parfait
Et c'est parfait car sans-desseins et sans soucis s'assoient saouls
Sous ces cieux et s'assemblent par amour, pour un fait

Donc au contraire, c'est l'inverse, le cœur est en amour
Et on voit rouge, les braves sont tendres et les peureux sages
Le doute est en nous, la valeur c'est le coût
Et on s'enrichit du coup: c'est un don

Il faut s'attendre à un peu d'ouvrage

Le prophète

Le prélude à cette accalmie fut un sentier
Une marche sans soucis
Un miracle, une courte utopie
Qui s'est évanouie, a médusé douze cent souris.
Charmées par la vipère, elles s'élancèrent
Roses comme des queues de rats, pour parler d'avarice.
Le mythe devint voie et le miteux nouveau roi épris
De ses vassaux versa leur sang dans le vice

Mais il est à la mode par l'ordre et la méthode
L'ode et le code répétés aux foires.
Envoûtantes, ses prêtresses font preuve de tendresses
Aux seigneurs abdiquant et adoubés pour sa gloire.
Comme tout orage, il prédit sa fin et commença le carnage
Pour ceux qui le suivent et le convoitent.
Le faux en feu scie alors ces fous
Sans faire fi de leur foi et vint la fin de ce qui fut.
Je lutte, hésite, doute et médite
Mais dites d'où tombent ces boîtes
Ces cercueils qui jaillissent de terre
Ces morts qui poussent et soulèvent cet ange déchu?

La fin et les moyens s'étaient rencontrés dans les bras du désir.
Rien qu'un modeste festin retient les cerfs
Aux lèvres du sire qui débat.
Aveuglées par leurs ventres ballonnés par le mensonge
Ces bougies s'engagent vers la fournaise armées de bois
Et de la fumée noire éventrant le ciel
Figés dans le ventre de la bête, ces dards la médirent

Ce jour là

Ce jour là
Certains mouraient, d'autres naissaient
Certains découvraient la joie de vivre
D'autres la perdaient pour toujours
D'autres encore juste pour un tour
Certains avaient cessé de se battre
D'autres avaient commencé le combat
Certains avaient trouvé l'amour
D'autres l'avaient finalement abandonné
Sans aucune distinction, ni aucun égard.
Ce jour-là arriva, comme tous les autres
Aussi court que tant d'autres
Aussi long que quelque uns.
Il devait arriver, mais aurait pu nous éviter
Ça n'aurait ni changé la date, ni le monde.
Certains le sauraient et d'autres pas
D'autres encore s'en douteraient.
Il importerait à tant qu'on en parlerait
Comme il serait si insignifiant qu'on l'oublierait.
Ce jour-là viendrait et s'en irait comme bon lui semble.
Ce jour-là passerait lentement, d'un train humble.
Le nombre, dénombrant tout le monde fut un.
Chacun le vivait, autant étaient-ils, ce jour, çà et là
Ce n'était du ressort de personne qui s'y attende.
Il appartenait aux braves et aux curieux.
Il était offert aux enfants et aux ainés.
Il n'était qu'un exemple pour les peureux
Bien d'autres jours devaient encore arriver

La dernière merveille

Quand il n'y aura plus d'idées, plus de sentiments, plus de désirs
Quand on aura plus à penser, plus à transmettre ni à transcrire
Il ne restera plus qu'une personne, plus qu'une âme à maudire.
Il ne restera plus qu'un instant de sa solitude
Plus qu'à en médire

Quand il n'y aura plus les vestiges d'hier
Ni les fondations de demain
Quand il n'y aura plus de récits d'antan, ni de promesses en vain
Il ne restera plus qu'un rocher dans l'espace
Plus qu'une masse perdue au loin.
Il ne restera plus qu'un astéroïde
Plus qu'une tombe qui accourt vers sa fin

Quand tout sera parti, il n'y aura personne à émouvoir.
Quand les derniers hommes et leurs descendants
Quitteront pour laisser place au vide
Au vide dans l'âme, la raison et le corps
Ce sera la fin des merveilles et de leurs pouvoirs
Et la dernière merveille, maudite soit-elle
Sera la vie, nue, claire et limpide

Fait le 4 Septembre 2009
Joyeux anniversaire Kotomi

Au bout du compte

Le bien n'est qu'un billet et la monnaie c'est le mal.
Le moyen est le biais de la misère mais la moyenne est normale.
Pas qu'elle s'explique par ses erreurs mais qu'elle est prévue.
La preuve, vu que la richesse est un excès pas besoin de revue.
La balance tend à lever le portefeuille et à échapper la plume
Car la justice peut alors prendre des vacances
Avec les sous qu'elle écume
Du sang des forçats, forcés en taule
Tôt ou tard pour remplir les mitards.
Mais manquant de tours de passepasse
Comme de passe-partout issus du dollar
L'innocence s'en prend la gueule.
Mais j'ai une planche dans l'œil et je me retourne.
L'aide n'est pas humanitaire
Mais des hommes tardent à partir, et d'autres retournent.
On se fait berner car le papier ne sert pas à payer.
Ces dépouilles du passé
Écoulent de notre sueur et elles ont déjà payées.
Le service serait dépassé
Et les pouces verts sur le sentier
Sont des chasseurs dont nous sommes le gibier.
La fourberie c'est moins d'économies
Et plus de loups dans la bergerie pillée.
Le sol s'effondre mais les fonds viennent de Partout
Comme s'ils venaient d'Ailleurs.
Le monde n'a plus de cœur
Juste un noyau en fusion où réside le passeur.
Sonder l'âme devient perdre la vie.
Le passage a un prix et certains restent coincés.
Pris de court par la bourse, ils ne leur restent que spéculer
Mais les spectres continuent de cramer

Les derniers et les premiers

Mon dernier vers ce sera ma mort
J'aurai viré de bord, je ne serai pas à bord.
Ma dernière rime ce sera ce vers
Écrite au bord du gouffre et profonde comme la mer.
Mon dernier souffle ce sera cette rime
Musical et doux pour laisser passer le vers
Mon dernier geste ce sera ce souffle
Brusque mais précis pour ne pas avoir à le refaire.
Ma dernière contribution ce sera ce geste
Altruiste et égoïste, juste pour plaire.
Mon dernier acte ce sera cette contribution
Vibrant et empli de tout mon savoir.
Après le milieu, il n'y aura plus
Que des rêves à vivre et rien ne peut m'y soustraire
Avant le milieu, il y aura tant à vivre
Ça fait rêver et tant à oublier bien au contraire.
Mon premier acte ce sera une contribution, simple
Presque erratique, juste pour un premier pas.
Ma première contribution ce sera un geste, rien de généreux
Presque indifférent, presque un tracas.
Mon premier geste ce sera un souffle
Pour m'imbiber de ce qui m'attend, ce qui reste à voir
Mon premier souffle ce sera une rime, court comme s'il été raté
Rien que mon âme en train de valser.
Ma première rime ce sera un vers
Fausse car je ne saurai encore que me tromper.
Mon premier vers ce sera ma vie
Je serai arrivé à bord, amarré à bon port

Le son du retour

Un arc se forme autour d'un bruit assourdissant
Comme si quelque chose prenait vie, qu'il fallait le regarder.
Mais c'est toujours la même chose, les mêmes enchaînements.
Mais tel des souris leurrées par un flutiste
Ils ne peuvent qu'écouter

13 troncs crient tant que croît la résonance sur la scène.
12 entourent le meneur qui porte le drapeau.
Avec des chants, des espiègleries, et parfois des sauts
Tour à tour des hommes s'échangent un géant et la naine

Des bâtons martèlent de la peau séchée.
Plusieurs paires de jambes se retrouvent dans les airs.
Cet arc est formé par des Burundais
Et ce tintamarre vient de nos tambourinaires

Le temple de jadis (de jade)

Ces vieux murs marqués par des parures
Ces gravures usées par la pluie qui les censure
La pluie qui déchire les portraits qui y figurent
La pluie qui emporte la serrure sur tant d'aventures

Tant de mauvais augures qu'on inaugure
Mais les blessures restent ouvertes sur ces murs
Et les bordures des murs ne sont plus
Plus que de simples ratures.
Comme des sculptures, elles attendent qu'on les capture.
Captives de leurs montures, leur stature se veut pure.
Je ne peux que conclure que ces craquelures n'ont aucune cure
Car les bavures qui ont menées à cette démesure
Sont des demi-mesures
Et que bien que ce soit dur, ces fissures furent leur futur
Et en chaque fracture, en chaque murmure, avançait leur usure.
Ce n'est pas une rature car le temps fait partie de leur structure
Il y a longtemps qu'elles attendaient de disparaître, j'en suis sur

Sans démesure

Comment dans l'où et le quand puis-je être éloquent
Sans connaître le quoi du qui et de surcroit le comment?
Je suis comme un volcan, un mont vacant
Des mots distants
Ébranlé au fur et à mesure
Que l'on mesure le temps en simples instants
Et quand le moment vient de répondre à la question
Je deviens impuissant
Face à la simple interrogation car en son point
Se débat tant d'aberrations
Et qu'en certaines incertaines simulations
Il ne suffise de faire une induction.
Effrayés et effarouchés par notre taille
On se retire face à l'infini croissant
Croyant que l'infini est comme le croissant de lune
Qui fait le tour en changeant.
C'est alors que la discrétion
Et la discrétisation méprises pour leur quantification
Sont régurgitées au lieu d'être digérées par des idiots
Dirigés par ces mêmes gens
Comprenant des mégères et des indigents pourtant incompris
Et tant indécis dans leur soumission
Mais la réponse est claire et réside
Dans le pourquoi car en soi décroit cette notion
Et quand la nature s'allie à la fonction
Il ne reste que de déduire si on veut une action.
Mais ces actionnaires, ces visionnaires qui voient devant
Et voient demain prennent si peu de mesures
Qu'il ne reste qu'aux actions de fluctuer en valeur
Et de répondre à la folie des grandeurs sans démesure

Je t'haïssais

Là, je crois que, du moins, je te comprends.
Tous les moments où je n'avais pas pris le temps d'apprendre
À te connaître, Je ne pouvais que te craindre.
C'est vrai, je te comprends, maintenant
Et je comprends pourquoi j'avais peur.
Car je n'avais pas pour autant tort
Car de l'ignorance est venue la peur et de là est venue la haine.
Mais c'est en toute connaissance de cause
Que je commence la chaîne.
Tu fais partie des choses qui n'existent pas
D'un monde qui faute de me dépasser me passe dessus.
Tu es un souvenir qui s'efface de soi
Dans un rêve où les idées rencontrent leur créateur déçues.
J'entends déjà les sons qu'ils émettent tout bas
L'ombre de tout ce qui n'est pas là
La forme de tout ce pourquoi je ne peux rien
Car tous mes efforts sont en vain.
J'ai beau hésiter et attendre mais pour quoi? Pour qui?
J'ai beau avancer et apprendre mais vers où? Est-ce ici?
J'ai pourtant peur de me perdre sur la route.
J'ai en fait juste peur de tout perdre par ta faute.
Bien qu'il n'y ait que moi lorsqu'il en vient à blâmer quelqu'un
J'aimerais te pointer du doigt mais tu me fuis tel l'incertain.
Je t'haïssais, d'ailleurs j'ai pas fini, j'ai juste compris
Que sûrement toi aussi tu t'haïrais
Mais nous sommes juste incompris
Et comprimés dans ces tourments.
Il y a quand même de l'amour, enfin, assez pour nous deux.
Mais sache que quand je souriais, n'oublie jamais
Que je t'haïssais

Je tombe

Pris pour des cinglés, les célibataires finissent par se taire.
Ils ne vont Nulle part, ils paraissent encore plus menaçants.
Leurs nombres fluctuent quand ils traversent les déserts.
Ils se désistent et les déserteurs se laissent distraire
Et ils s'élancent, en avant et oui, par paires!
Mais auparavant c'est le pire qui les menait de l'avant

Alors....
Je cours mais la vitesse dans cette prison carrée
Se multiplie au temps long qui tend à se déformer
Et le produit est une distance précise qui tend à s'allonger
Et je cours, je marche, je m'arrête et je commence à tomber

Jamais je ne suis sorti par là où je suis rentré.
J'ai fait tous les cours mais j'ai raté toutes les rentrées.
On me garde toujours dehors mais j'aimerais rentrer.
Je suis toujours la cible mais les coups ne sont pas centrés.
J'écoule du liquide mais il n'y a pour moi aucune rentrée.
Écris mon seul désir et tu traceras cent traits.
Égoutte le pinceau et t'auras mon portrait.
Circulez, c'est beau à voir mais je ne veux pas tout montrer

Je te mentirais, mais à qui d'autre ça importerait?
Je te gâterais, mais à qui d'autre pourrais-je manquer?
Je me hâterais, mais pour qui d'autre j'attendrais?
Tu m'attendris, en m'écoutant de si près.
Le prêt est large mais je ne peux rien là où l'abruti aboutirait.

Prends ton temps, dans ma chute j'admire les contrées
Je serais en bas, si tu viens me chercher

Je parle d'amour

Je parle de perles rares qui perlent
Sur son cou quand elle valse à l'aurore.
Je parle du fil du temps et des fils de soie
Qui caressent doucement son corps.
Je parle des instants passés
Et des moments encore à passer qui dessine son destin.
Je parle de fables fantasques
Et de récits réels à l'enfant encore en son sein.
Je parle de ses soupirs dans mon dos
De ses lèvres sur mes doigts, de sa bouche.
Je parle de sa peau, de la pluie
Qui la mouille et du soleil qui la sèche.
Je parle de ses cheveux dans le vent
Qui se déroulent et qu'elle enroule souvent.
Je parle de ses jambes qui s'écartent
Qui se raidissent et qui s'élancent de l'avant.
Je parle de ses pas, de ses gestes
De ses mains sur mon cœur
De mon corps dans ses desseins.
Je parle des silences qu'on partage
Des mots qu'on s'échange
De tous les sons qui s'échappent.
Je parle du passé, du présent, de l'avenir
De ce que j'en retiens et de ce qui m'échappe.
Je parle avec elle et même si on se sépare
Je parlerai d'elle et d'amour sur mon chemin

Point de service

Qui es-tu pour rester?
Mes mots s'en vont vers l'éternité.
Ils n'ont pas à t'emporter.
Je ne parle de personne.
Non, je ne parle à personne.
J'ai tout vu, que vienne la cécité.
J'ai tout entendu, que vienne la surdité.
Oh, j'ai tout entendu! Et quelle absurdité!
Reste calme, pas besoin de t'exciter
Rien que pour des vers où tu es cité.
Tu n'es qu'un seul homme, qui suis-je pour te juger?
Je ne suis qu'un seul homme, je juge l'humanité.
Avant tout, tu es si fade. Qu'aurais-je à raconter?
Après tout c'est de ce qui nous échappe que je veux parler.
Tu penses mais sans poser de pansement sur ta plaie.
Ta panse est ouverte sur le monde, ferme-là, s'il te plaît…
J'essaie de réfléchir, je suis inspiré et je veux écrire.
Tu veux juste réfléchir, comme un allumé qui veut sévir.
Je n'écris pas un manuel, ces mots n'ont pas à te servir
Et ce n'est pas un historique, je n'ai pas le temps de tout décrire.
Tout ce que je peux c'est décrier, combattre et créer.
Tout ce que tu veux, c'est crier, abattre et constater.
Seuls mes points me servent de poings et de vices.
Désolé, mais il semble que pour toi il n'y ait ici point de service

Nos nuits

La douleur des maux qui m'avalent ne peut rien
À la candeur des mots qui s'étalent
Sous vos doigts et dans mes yeux
Je suis en émoi et si heureux.
Je vois le soleil glisser sa main.
Sous le doux velours des nuages du matin
Qui menacent toujours mais ne font rien.
Encore faut-il qu'ils courent plus loin.
Il y a des gouttelettes d'amour sur le chemin
Et je chemine avec vous sur cette mer morcelée
De pensées qui tombent et prennent la ville dans la foulée
Et la foule remplit les rues et les ruelles.
Elle se veut si douce mais elle est si cruelle.
Elle ne sait que faire de la pluie.
Elle se protège de l'amour d'un parapluie
Mais on s'en fout on marche et on l'oublie.
Il n'y a point de jours pour ruiner nos nuits

Tout mon univers

Ma fortune est la brume qu'élève Neptune
En posant une larme sur sa mère de feu, sur Venus
Et des étincelles illuminent l'arrière de la lune
Quand Jupiter fulmine et lance des flèches qui fléchissent
Avant de s'allumer dans le brasier de Mars
Visant la colère de Saturne qui regarde la garce
Mais ne la hait pas autant.
Il ne l'aime point mais lui donne son temps.
Et plus tôt, plus loin que Pluton
Les constellations se sont rapprochées
Pour se refermer sur les rondeurs qu'elles ne peuvent cacher
En un film serein de feux éteints et de sons.
Le soleil et Uranus s'en vont de bon train prendre le bus
Et comme de bons crétins ils font le pouce.
Ils arrivent à la porte des étoiles
Qui reste fermée sur eux telle une toile
Et l'image devient un rebus dans un croquis que je dévoile

Je touche le lit formé de traînées de comètes
Dont les bouts se plissent pour se fermer sur ses barrettes
Et ses cheveux se lient sur toutes les planètes.
Et je me délie la langue pour la chanter
Que personne ne m'arrête.
Et puis elle touche mon souffle et raidit ma crinière.
Elle pousse mon cœur à danser la chamade
Dans le corps de cette chimère
Et je ne vois que le dos de mes paupières
Qui battent sans s'arrêter.
Je roule sur son corps et tout s'évanouie.
Tout nu, dans une nuée
De rivières qui coulent où perlent ses larmes
De lampions qui s'éteignent quand elle rationne ses charmes
De mers qui se retirent pour la laisser courir sur plus de rives.
Je la vois me coincer sous les murs d'eau

Mais je suis déjà à la dérive

Je lui montre petit à petit comme elle est grande.
Elle est ravissante et délectable et j'en redemande.
Elle est inspirante et aimable même si elle l'ignore
Et si c'est parce qu'elle n'est pas réelle alors tant mieux.
Elle vit en moi et ainsi je n'aurai pas à lui faire d'adieux.
Et aucun point ne saura nous taire, que se taisent ces ignares
Dans mon cœur la tempête est parfaite, il n'y a que des épaves
Et les âmes perdues dans les courants
Et les tourments qu'on brave.
Où est cet havre dont parlent les peureux?
Je ne vois que la mer qui baigne son regard.
On dirait presque qu'il n'y a que nous deux.
Je serai parti, il y a longtemps, ailleurs
Si elle n'était pas mon paradis sur terre
Si elle n'était pas tout mon univers

Ce n'était jamais de l'amour

L'amour ne se fait pas, il se vit.
L'amour c'est pour donner la vie.
Nos corps ne font que brûler la nuit
Et les jours s'étalent à minuit
Mais la moitié de nos nuits
On la passe à s'aimer comme on se nuit

Malheureux, ne bougez plus!
Vous aurez été prévenus
L'amour est limpide pas juste nu.
C'est le ciel clair quand il a plu.
C'est le silence quand le vent vient de chanter
Entre les feuilles et les branches de la forêt.
C'est l'orage sur quelques pages.
Un ouragan qui s'étend sur quelques mots.
C'est une âme déchirée en lambeaux
Qui ne tient qu'à son courage

J'ai bu de la mort et je suis ivre
Et puis tu me demandes de vivre
De bondir comme cette panthère
Qui chasse encore avec son cancer.
Mais as-tu vu ça dans les livres?
Comment veux-tu que je me délivre?
Je suis tapi dans ma cage
Bien vêtu de mes fers.
Je ne saurai tourner la page
Sans moi même être à l'envers

On a fait tant de choses.
On a cueilli tant de roses.
On en a eu des vacances pour être à l'aise
Mais on courrait sans faire de pauses
On en a fait des détours

Mais ce n'était jamais de l'amour

Est-ce quand tu m'aimes et que je te rends la pareille?
Est-ce que c'est différent pour moi
Ne sommes-nous pas pareils?
Il ne me reste que mon souffle et mon orgueil
Combien je te dois; je n'ai plus d'oseille?

Et puis peut-on, même, en faire?
Est-ce divin ou est-ce l'enfer?
Peut-on le crier ou doit-on se taire?
Où se trouve-t-il sur terre?
Et pourquoi n'est-il pas déjà là?
Pourquoi devons-nous le faire?
Et est-ce de nos cœurs ou de nos doigts?
Comment puis-je m'en défaire?

Il y a sûrement cent façons d'en faire
Mais, sans façons, c'est trop pour ce faussaire.
Je n'en donne pas l'impression, ce sont de faux airs
Mais moi j'aime comme la faucheuse erre

Me vois-tu chercher à te distraire
Pour ne pas connaître l'amour?
Vas-tu rester le temps d'en faire
Ou pars-tu déjà pour toujours?

L'érection

Ce n'est pas comme
Ces contrées natales pour des gens inutiles
Ces secondes fatales pour des gestes futiles.
C'est en somme
La plus grande érection
La plus belle édification
La plus belle depuis la création
La plus belle de nos transformations.
Elle a du corps.
Elle sort du décor.
Elle est toujours là
Où que l'on soit
Et plus qu'on en conçoit
Elle est la passion et la joie

À la base on y voyait des hommes couchés.
Toutes les langues venaient et l'entouraient.
Enduite d'un flot de miel de fleurs illustres
Elle transpercerait le ciel comme un rustre.
Elle s'allumerait comme le plus haut lustre
Et sous le regard des anges qui déchoient
Car franchement ils n'ont pas le choix.
Elle ne pourrait que paraître auguste.
Elle ne pourrait être que plus robuste

Elle répond aux penchants de tous les hommes.
Elle ne s'abaisse point de peur de tomber sur nos femmes.
Elle se tient droite et se dépeint sur les bords de la nuit.
Elle reste debout lorsqu'on la mort et on s'enfuit.
Elle enivre les perles de par tous les océans et toutes les terres.
Elles sentent des mains fermes les tenir et tapir
Dans leur peau le plus inoubliable des souvenirs du plaisir.
Elle est la raison et la folie de toute paix et de toute guerre

C'est la plus grande érection
Et elle mérite une grandiose inauguration.
Elle ne tiendrait contre aucun buste.
Seul l'horizon lui serait juste.
Ses veines sont pleines de notre sang.
Ses reines sont prises pour leur cran.
Sa beauté est le cru, le nu.
Ne pas la voir est ne rien avoir vu

Esmeralda

Elle fut traduite en justice injustement
Mais de justesse, il vint à son secours
Pour traduire des séquences de pas et des chants
Les mots lyriques et les gestes fantasques en son discours

C'est une ballerine aux pieds légers et à la langue experte
Des tournures et des courbures le menant à sa perte.
L'écouter et la regarder était un luxe sans valeur.
Le traducteur débâtait et se débattait contre la luxure
Qui l'entraînait et le méprenait pour un hochet
Qui le menait à désirer ce corps et ce cœur
Qui brûle de mille feux et qui l'amène en enfer à petit feu.
Il n'y avait déjà plus nulle part où s'accrocher
Mais plusieurs commençaient à tomber sous ses charmes

Elle n'était pas innocente, mais ce n'était pas sa faute.
La gamine joue à de dangereux jeux comme une sotte.
Elle lamine son esprit avec un entrain ludique.
Elle est toujours nue, comme une lame, se disant pudique

Le va et vient

On se fait des reproches puis on se rapproche.
On se laisse aller puis on s'accroche.
On s'attire puis on se retire.
On s'étire, le temps passe puis on se tire

Tiraillés de tous côtés par des penchants et des arrière-pensées
Pendant que pendent à nos lèvres
Des pendentifs que posent ces bijoutiers
Ça pourrait marcher, mais qui croirait au marché de nos jours?
Qui prendrait le temps de tourner en rond avec ces vautours?

On peut vendre aujourd'hui mais que faire de demain.
On peut sauter à pieds joints mais que fait-on de nos mains.
On tend à s'éloigner mais on se rejoint.
On jouit de beaucoup et de rien mais geint tant à jeun

On se dit si forts mais on se fait si frêles
Et on ne fait le pas que pour une danse éternelle
De deux pôles opposés qui ne se touchent pas
De deux soleils qui ne se couchent pas

Mais dans ce rêve sans trêve où l'on compte et décompte
Des quanta quand à quantifier au lieu d'unifier
Des rapports et des unités aux quels d'ailleurs on ne peut se fier
Il n'y a pas de nombre, pas d'abîmes.
Rien n'y est propre, rien ne s'y abîme.
C'est une aurore, c'est un déclin
C'est une horreur, c'est un destin

Des déviants se prenant pour des prismes qui sans bruit
Se jouent de la lumière et peignent la nuit
De mille feux, sombres mais chauds
Des ombres couvertes d'eau
Que de la sueur sur leurs peaux

Des corps qui se meurent et qui revivent en vain
Des faussaires sans lendemains qui se mesurent à demain
Des faux, des artisans qui se disait baiser
Autre choses que des mains et des fessiers
Mais plutôt des bouts qu'ils caressent
Pétrissent, embrasent et embrassent
Qui se tiennent debout puis s'affaissent
Les mains en l'air de peur de tomber plus bas
Les jambes en l'air pour ne pas être à l'endroit
Dans ce monde à l'envers qui nous renverse
Par ses méandres et ses idées perverses
Parsemées aux vents pour qu'on arrive à se méprendre
Sur leur source avant de s'y rendre

Hospitalier

C'est là que des milliers y passent leurs premières semaines
C'est là que mille plus y passent leurs dernières en peine
C'est là que certains commencent la prière
Et que pour d'autres on en récite une dernière

On ne fait qu'y remplacer des pièces
On ne donne pas sans prendre
Car seuls peu sont bien placés
Même s'ils ne savent pas tous s'y prendre.
Il y faut maints outils et apparats pour s'y faire entendre.
Il y faut prouver l'évidence ou bien vouloir s'y rendre

Et puis on me met sur une table qu'on appelle un lit.
On rentre dans l'ascenseur et on monte d'un étage.
Mais comme je n'ai pas d'entrain l'infirmier tourne la page
Et l'ascension ne prend pas frein, ces rouages reprennent vie

On me consulte et on m'ausculte.
On me parle de petites natures presque occultes.
On me dit parler à mon cœur, on me parle de fractures.
On me parle d'ouvrir ma tête
Que c'est pour que mon cœur s'arrête
Qu'ils y mettront une pile et du plastique
Et que tous ces scalpels m'y apprêtent

C'est ma dernière demeure, là où j'ai vécu mes premières heures.
Je n'y pense plus beaucoup.
On m'a donné un élixir pour que je délire.
Je n'ai plus de cran ni de cœur
Ils ont pris mon temple
Et ma demeure
Je veux revoir mes nièces sourire
Mais je suis en pièces et, chaque jour, ça empire

Je suis à un hôpital où tous sont hospitaliers
Mais ils n'y restent que des enfants et des fous à lier.
Ils ne restent pas longtemps, ils finissent par s'en aller.
Le cycle se referme là où il avait commencé

Les fleurs du mal

Les fleurs du mal fleurissent de leur plein grès
Sans eau et sans engrais
En oubliant mes gestes et mes mots
Mon amour et le reste de mes maux

En ne tenant pas à tes paroles
Et tes actes, à tes rêves
Tu t'es tuée à mes yeux
Et je suis mort dans ton cœur.
Pour oublier, je diabolise ce qui nous lie

Je veux te descendre et te faire choir en enfer
Car je veux faire du chemin avec toi
Et sans les ailes que nous nous étions données
Il n'y aura plus de paradis

Les fleurs du mal sont des puits de sang et de larmes
Qui ont le toupet de prendre la forme de bouquets

Je ne me confesse plus.
Je ne demande plus pardon.
Ça ne change plus rien.
Je suis le même
Un récidiviste
Un fou qui brandit ses poings au ciel

Je ne changerai pas, je ne ferai pas pénitence
Je suis le mal que je fais.
Nous sommes le mal que nous nous faisons
Car ce mal naît de mes pensées, de mes désirs.
Ce mal vient de mon malin plaisir
Et on se fait mal l'un l'autre

Je te présente mes péchés
Les eaux du début
Le sang de la fin
La soif sans fin
La satiété sans faim
Le fossé sans confins
Où sont faussés tous les chemins

Les couloirs où retentit une prière sans refrain
Où hérétiques confus demandent tout et rien.
Le mal y germe comme sur des terres arides sans sursis
Des déserts, des oasis éteints, des fontaines taries

Comme des jardins peu couverts, les recoins de nos corps
Là où les feuilles tombent faute de lumière
Le mal vient toujours avec un doux parfum

Rouges et noires, elles s'assombrissent
Pour déteindre leur vraie couleur
Mais ne perdent au change rien à leur vigueur.
La passion cède au désespoir qui s'étend sans mal.
Je t'offre le bouquet en mon âme, les fleurs du mal

La chaise

Elle n'est plus, Elle ne vient plus
Doucement dans nos regards qui se croisaient
Et nourrissaient des sourires simplets

Mes doigts, dans ses cheveux, dans le bus
Sa tête penchée vers moi comme pour écouter mon souffle
On ne se disait presque rien en route.
C'est n'était pas en venant, mais sur place, sans doute
Que nous nous reconnaissions, que nous nous apprivoisions

On avait trouvé des lieux pour être seuls à deux
Un gazebo dans un parc, un tronc sur le bord du lac
Une salle abandonnée au dernier étage

Elle m'a donné vie, elle a porté en elle de la vie
Elle en est morte...je crois
Cette incertitude plus qu'autre chose est ma croix

Il ne reste que du bois là où se posaient ses doigts.
Il ne reste que de l'encre, inscrit légèrement par des cancres.
Il ne reste plus que l'idée que je m'étais faite.
Il ne reste plus que la chaise où elle s'asseyait

L'attente

La vérité c'est que j'attends.
J'attends quelqu'un parce que moi je suis toujours prêt à sauter
J'attends juste quelqu'un qui m'aimera
Assez pour sauter avec moi
Quelqu'un que j'aimerais assez pour ne jamais sauter
Juste pour être dans le même monde
La même vie, aussi pourrie soit-t-elle

Il fait trop chaud pour me couvrir
Trop froid pour être découvert
Je commence à éternuer et à m'atténuer.
Je suis dans un moment qui s'éternise.
Le temps y prend son temps
Pendant que je suis essoufflé

J'attends d'avoir une femme et une maison
En attendant j'ai encore toute ma raison.
J'attends d'avoir une petite amie
Pour l'instant j'ai encore tous mes amis.
J'attends un peu de réconfort
En attendant il y a toujours la mort.
J'attends de retrouver ma tête
En attendant je remue mes méninges et m'entête.
J'attends qu'on m'arrête
En attendant je m'attarde aux crimes qui m'y apprêtent

J'appelle sans trop d'insistance
Mais j'ai fait appel en cours d'instance.
Je cours une grande distance
Mais nos solitudes nous distancent.
Je suis au pied de mon sort
Je monte ou je meurs
Sans honte et sans peur
Je bombe mon torse dehors

M'as-tu entendu parler trop vite?
Courir comme les mots que je débite?
Foncer vers les murs et les barbelés qui s'y hérissent?
Si je me perds en cet endroit que je périsse

Vous dites que j'hésite, que je vous irrite
Mais attendez, dites, qu'est-ce qui vous surexcite?
C'est ma vie, je l'attends, je m'y apprête
Je ne me dis pas meilleur interprète
Mais seul mon point de vue compte face à ma cécité.
Je vivrais comme je l'entends, vous aussi, attendez

La nuit ne finit pas

Je me mets à nu et j'ai froid.
J'allume alors un feu de joie.
Je fais un petit faux pas
Mais la nuit ne finit pas

Je me rappelle que l'amour ne suffit pas.
Je reviens peu à peu sur mes pas.
Je m'arrache les cheveux un à un
Mais c'est la nuit, ça me revient
La nuit ne finit pas

De peur qu'on ne me trouve nu et qu'on m'arrête
Qu'on voit mon arme à bout portant
Sans portée ni gâchette
Qui prouve que je suis pourtant bien portant
Je récite milles chansons dans ma tête
Faute de pouvoir les chanter à tue-tête

Je ne suis qu'un simple badaud quand d'autres tournent au coin
Qu'ils s'envolent dans leurs bolides qui roulent sans freins.
Dans leur machines la route n'a pas de fin
Mais quand il me frôle, la nuit n'a pas de fin

Je ne suis qu'un troubadour quand la fête prend fin
Mais quand vient ce temps je n'ai plus l'air fin.
Ça ne vaut pas la peine
Je cause bien trop de peine.
Ils referment la scène

Leurs lumières qui s'assenaient sur ma peau déjà noire
S'éteignent et mes yeux perdent la vue
Et je vous perds tous de vue.
Je suis déjà tout nu, que voulez-vous de plus?

J'ai commis trop d'erreurs.
J'ai bien trop peur
De ne pas pouvoir me corriger.
Je ne veux déjà pas m'excuser

Demain ne viendras pas
Et la nuit ne finit pas

Je revis tout ça.
J'en fais un gros tas.
Je n'ai pas sommeil
Et la nuit ne finit pas

Elle arrive

Sa nuque transparait à travers ses cheveux en bataille.
Le vent souffle et la force à tenir avec force son parapluie.
Elle court parmi les éclaboussures; court sans faille.
La pluie n'est pas de taille, mais le mauvais temps la suit

D'une main elle fait un appel, écris et navigue
Entre badauds et voitures, une jupe, des sauts, pas de censure.
Elle s'élance, s'arrête et repart en emportant sa fatigue.
Elle ne sait pas si c'est trop tard mais chaque pas la rassure

Le chemin est tortueux
Et son tourment se fait clair dans ses yeux.
Des torrents se sont ouverts sur ses joues
Emplies d'un souffle fugace.
Elle n'est pas si loin, elle n'est pas si proche, cela m'agace.
Je hais la voir prise à courir
Prise à me secourir, perdue au milieu

Les enfants d'hier

Hier encore ce n'était qu'une enfant.
Elle courait le pouce droit entre les dents.
Elle avançait sans trop regardait devant.
Elle était heureuse de voir qu'on lui courait après

Hier encore il ne parlait pas un mot
Maintenant il s'emporte et nous porte sur son dos.
Il pleurait si souvent; souvent c'était faux.
Il voulait juste qu'on le suive de notre regard

Maintenant dans leur jardin secret
Ils coupent la fleur qui s'y tenait.
Les ronces entre les dents, ils s'embrassent.
Ils s'embrasent, les lèvres rouges et parées d'audace

Comme des détraqués, ils déraillent et s'enfoncent
Les uns dans les autres, ils s'empilent et se défoncent
S'éprenant d'attractions infernales et de distractions fatales.
Ils tournent en rond, avec le tournis, jusqu'au fond
Ils s'emballent.
Au tournant le tourbillon s'arrête sur un mur
Aimer l'amour n'a jamais été aussi dur

Et il vient, me regarde dans les yeux sans frayeur
Me demande la main alors qu'il a le cœur
Comme s'il prenait les deux pour briser le mien.
Chérie comment es-tu tombé amoureuse de ce vaurien?

Ce n'était qu'une enfant prise dans un jeu
La peur au ventre et la main au feu.
Elle grandit en une Femme si brusquement.
Il ne me reste que peu de temps

Il apprend si vite et s'élance de plus belle.

La tête décolle des épaules pour monter dans les nuages.
Il prend le monde de court et le parcours avec tant de bagages.
Dieu, cet homme, puisse-t-il être sous ta tutelle

Ces enfants du passé ne sont plus qu'un mirage.
Aujourd'hui ils sont parents et ils ont mon visage.
Ils seront contents de voir des petites frimousses souriantes.
Que tous leurs vœux soient exaucés par ses étoiles filantes

Samedi soir et dimanche matin

On m'en voudrait si je t'avais déposée
Sans vérifier que tu es bien rentrée.
Je descends, je monte, je rentre et tu fermes derrière moi
D'une main cachée, tu retiens la poignée.
Tu t'adosse sur la porte et tes yeux s'élèvent
Pour rencontrer les miens
Perchés sur ton sourire et ta main
Qui vient s'héberger dans la mienne
Et ton corps tourne et virevolte
Et dans mon étreinte nos joues se croisent maladroitement.
On recule, se recentre et s'applique

Une lèvre à la fois
Je palpe ta bouche
Que j'entrave de ma rose sonde

Ma main s'arrondi sur un côté de ta poitrine
Et le temps passe mais nous laisse aller.
Rien ne nous arrête

Mes yeux suivent la lumière qui ricoche sur ta peau
Qui transparait à travers les fils croisés de ta chemise.
Mes doigts courent après la brise
Qui prend de l'avance sur ton dos nu.
Ma langue glisse dans la trainée des gouttes qui coulent
Et rafraichissent tes cuisses et tes seins.
Mon cœur bat fort contre ton dos et je sens le tient
Le rejoindre pour un duet, dans un duel, une parade
Un vacarme assourdissant et ton souffle se fait rapide
Et sévère dans ta gorge et sur tes lèvres
Que j'obstrue par moments

Des bouts des doigts je pince tes tétons
Qui se raidissent et confirment ce que je devine

Ton désir, que l'on te touche, que l'on te baise
Le cou, qu'on t'enlace
Les hanches, qu'on t'embrase
Les cuisses, qu'on te caresse

Tes pupilles s'élargissent et tu vois à nouveau.
Tu souries légèrement sous les draps.
Tu me regarde, coquine et douce dans ton embarras.
Ta main vadrouille sur mon torse
Et prend la mienne avec force
Et tu guides ma paume sur ton mont de venus
En me baisant le menton
Et je bande, te vole ton souffle
Et te fais perdre raison

Prêt à voyager

Je vois cette nuit car ma maison brûle.
Je nage dans mon lit car mon bateau coule.
Je me noie dans le désert car mon oasis déborde.
Je me pends aux nuages car il pleut des cordes.
Je descends vers le ciel dans mon atterrissage.
Je ne reconnais pas ce que j'écris alors je tourne la page.
Je suis perdu parmi les flammes pris de cours à la nage.
Je me fais vieux et me vois vile et plein d'adage.
Je me refais une jeunesse car ça vient avec l'âge

Mes yeux s'éteignent dans la lueur du phare.
Je suis si proche que je ne peux plus le voir.
L'alarme est silencieuse, enfuie sous le tintamarre.
Mon cœur s'arrête longtemps en jouant la fanfare.
Je distingue chaque instant en ses moindres détails.
J'oublie déjà ce qui m'est arrivé.
J'ai déjà perdu la bataille.
La guerre ne doit malheureusement pas être gagnée
Seul l'enfer semble mener à la paix.
Mais pardi que disent, par-là, les perdus?
Le paradis et l'Éden auraient-ils disparus?

Trop occupés pour s'occuper de nous-mêmes
On s'aide mais on cède souvent
Coups de mains et coups de poings.
J'attends de m'éteindre
Un bon bout de temps
Sans rien avoir à craindre

Voilà tout mon bagage
Je suis prêt pour mon voyage
En ton sein et ses confins

Les pauvres

Ils ont des hommes

Qu'ont-ils encore, ont-ils du cœur?
Font-ils leur part ou ont-ils peur?
Vont-ils nulle part ou mieux ailleurs?
Qu'ils se préparent car approche l'heure

Ils ont des femmes

Ont-elles aimée, ont elles souffert ?
À corps découvert ou à cœur ouvert?
Ont-elles la force ou son revers?
De tout jeune âge deviennent-elles mères?

Ils ont des enfants

Ont-ils ri, ont-ils joué, qu'ont-ils appris?
Savent-ils ce qu'est vivre et qu'en est le prix?
Les écoute on quand ils pleurent et quand ils crient?
Que disent-ils au ciel s'ils ignorent à qui ils prient?

Ils ont des terres

Ont-elles fleuries ou sont-elles arides?
Ceux qui y vivent ont ils le ventre trop plein ou bien trop vide?
Combien y tombent
Et ont elles plus de tombes que d'eau limpide?
Et à la longue, la vie y est-elle courte ou bien rapide?

Les pauvres, ils sont devenus riches
Pas étonnant qu'ils s'en fichent.
Ils gardent l'or mais ne regardent pas dehors
Pour voir ce qu'il en reste du monde vétuste qu'ils détestent.
Il est loin de leur table et plein de leurs restes

Comme c'est confortable, leur sort n'est pas leur tort

Ils étaient ces femmes, ces hommes et ces enfants
Mais tout change, ça c'était il y a longtemps.
Ils se passent d'amour mais ne se privent pas d'argent.
Où sont les livres qui apprennent comment on s'en délivre?
Ils boivent du vin et goutte au sang qui les enivrent.
Pardonnez-leur, on fait tous les mêmes choix.
Des jours on marche, d'autres on choit

Ils sont ces femmes, ces hommes et ces enfants
Qu'ils ne reconnaissent plus quand le temps passe et qu'il a plu.
Ils sont tombés milles fois
Dans milles impasses dans leur seule rue.
Dans leurs hautes tours avec la lune basse ils ont une belle vue.
Avant comme maintenant, les yeux vers le ciel, mais qui y cru?

Les riches de nouveau pauvres n'ont plus rien.
Les pauvres riches redeviennent vauriens.
Avec le temps l'argent ne vaut plus rien.
Malheureusement, l'argent n'achète pas le temps.
Ils prennent tout de leurs terres et un jour on les enterre
Toutes ces femmes, tous ces hommes et ces enfants
...les pauvres que pouvions nous y faire?
Beaucoup cherchent le paradis sur terre.
En attendant, on trouve un peu partout l'enfer
Saurez-vous le dire ou saurez-vous le taire?

Fait le 15 Décembre 2012
Joyeux anniversaire Shaka

Je garderais ton nom avec ces mots
Que je grave dans mon cœur

Le ciel en morceaux

Presque figés dans le ciel bleu
On le coupe doucement à deux
Et le soleil se couche.
Je m'accroche à tes lèvres.
Je m'accroche au bonheur.
J'en ai plein la bouche.
Le ballon se lève plus haut.
Pour toi, j'ai déjà fait le saut.
Reste avec moi, approche.
Le ciel est en morceaux
Mais rien ne nous sépare.
Je n'ai rien vu d'aussi beau
Et rien ne nous y prépare

Au fond, la toile du ciel est le fond de ma toile
Je m'y enfonce, m'y encre, m'y confond
M'y sent au chaud, m'y fige et on y fond

Elle ne s'arrête point

Que six jours, dans l'antre où je séjourne
Et mes dents grincent comme la machine dehors.
Je fais le fier, je fais le fort, je fais le mort.
Quand je la fixe du regard, ma tête tourne.
Elle n'a aucune attente à mon égard.
Je reviens et je retourne
Et même s'il se fait de temps en temps tard
La terre s'en fiche et la machine tourne.
Je fuis les prix mais suis épris par sa frénésie
Mais mon chant et mes louanges tombent
Sur des oreilles sourdes comme de l'hérésie.
Je n'essaie ni de vaincre ni de convaincre qui que ce soit
Mais je m'adonne au cru cela même si j'ai froid.
Cette soif, cette impatience, ce sang qui coule
Cette foi, à qui est-ce que je les dois?

Je fais le saut mais le vent me donne portée et portance
Mais dans le vent tout peut sauter.
Est-ce que cela peut m'apporter ce qui a de l'importance?

Avec le temps les apparats et les appareils changent
Mais les hommes restent pareils.
La machine, elle n'a jamais sommeil.
Elle tourne toujours et cela sans pareil.
Tout peut s'écrouler, rien ne la dérange

Le début à la fin

Je veux le début à la fin.
Car au début ce n'est rien
Et puis ça prend vie
Une bouffée d'air
Un son sourd qui languit
Sur de froids contours.
Le corps s'étale sur une direction
Parmi milles égales et toutes les autres combinaisons
Puis le tout devient clair
Comme si tout le chaos initial
N'avait jamais eu raison d'être
Car s'entendent verbe et chair.
Le fruit tombe avec le goût idéal
Même si la lumière vient à disparaître
Et la conclusion c'est le titre.
Il vient juste à la fin
Une mélodie et quelques lettres
Un espace et ses confins.
Le monde est à l'envers.
Moi, je veux le début à fin

La traversée

Un choc au corps
Échec au cœur
Je n'en revenais pas
Mais j'y venais...

L'intention du temps est de tempérer mes gestes
Mais la tempête s'entête et emporte un van en étain
Et le vent criant à tue-tête en oublie qu'il en est un

Je déverse l'encre que ma plume écume
Mais ma mer renaît de cette amertume.
Les voiles s'élèvent poussées dans la brume
Mais le mât se plis sous la pluie et tombe à plat.
Arrive la rive et mes pas s'en vont vers toi

L'automne à nos trousses

Des pas légers au sol
Qui roulaient des feuilles séchées
Des arbres au feuillage rouge qui peinaient à tomber

Ce n'était que l'automne qui s'en venait

J'en avais la frousse
On avait l'automne à nos trousses

Les doigts du bois s'étendaient.
Il s'entassait milles feuilles
Milles gouttes et sans doute milles larmes.
L'automne nous désarme
Nous pousse les uns contre les autres
Et voilà que l'automne a son charme
Quelques écharpes, quelques couvertures
Deux corps épris dans une étreinte pure.
Rallume la lumière éteinte sur cette petite nature.
Si on se perd je sais que ce qui vient perdure

Cela m'a pris un peu de temps
Mais j'ai saisis les saisons sans le savoir.
Il n'y a pas de raison de leur en vouloir
Du liège par terre, de la neige dehors

Sa robe tombe comme les feuilles de ces arbres

L'écarlate

Il y a une froide lumière
Qui baigne le cœur de la chambre.
Je m'assieds à ses côtés
Et elle, un œil encore ouvert
Elle est là, allongée
Sans rien dire
En fixant du regard
Cette seule lumière.
Et tout à coup
Je le vois au sol
Rampant, sans bruit
Aussi petit que possible
Et pourtant dans l'obscurité
Il est né.
Et il chemine dans la lumière
Regarde de côté
Tourne, avance, recule
Puis disparaît.
Toute ma force rugit dans ma peau.
J'ai envie de bondir
Pour l'écraser
Pour qu'elle ne voit pas
Qu'est-ce qui prend vie
Lorsque la lumière est éteinte
Et que ces ombres
Sont insufflées de terreur.
Et je prie
Anges et démons
Que ce ne soit pas assez clair pour elle
Qu'elle ne puisse pas le voir.
Soudain, même moi je ne le vois plus
Le rouge
Le sanguinaire
L'écarlate

Les incorrigibles

J'avais oublié mes premières fois
Celles qui venaient avec toi.
Je voulais essayer une autre fois
Une dernière fois
Mais voilà on revient au même endroit
On refait les même faux pas.
Tout ce que j'ai de toi
S'en va et reviens à ça

Il fallait nous voir essayer d'éviter l'inévitable.
On y croyait mais ce n'était pas raisonnable.
Mais espérer c'est croire que l'inconçu n'est pas inconcevable
Et aimer c'est à l'insu se savoir invincible

Je garderai ton souvenir
Avec ces mots
Que je garde avec mon cœur.
Je garderai le sourire
Malgré les maux
Que je garde au corps à tort
Et avec raison à cœur.
On commet quelques mégardes
Mais même si je perdais tout
Toi, je te garde

Les œuvres au fusain

Elle finissait ses dessins, au fusain, nue
Car c'est comme ça qu'elle était au début.
Elle utilise des couleurs sombres et froides
Car la hante les néants d'après et d'avant
Mais elle boit par les doigts
Pendant qu'il s'étend sur le papier
Et en ce temps s'éteint une lueur
Une muse qui prend fin en son heure.
Elle bouge sans trop s'arrêter
Sans trop se hâter.
L'image est encore claire, en elle
Mais le corps flétrit alors qu'on nourrit l'esprit
Et comme elle craint le sort du sien
Elle dessine sans cesse
Elle dessine sans gène
De beaucoup de tendresse
Avec une énorme peine.
Car cette image ne lui reviendra jamais.
C'est un fragment de son portrait.
Que sait-elle de l'inconnu
De la véracité de ce qu'elle conçoit
De la valeur de ce qu'elle reçoit?
Rien de plus que son nu
Que son humilité
Que ce fantasme.
Et un jour épuisée
Elle laissera le puzzle incomplet
Car elle a crû
Et le labeur aussi.
Ses œuvres au fusain
Paraissaient futiles pour certains
Mais son travail fut de l'art

Sans passion, sans façon

Un bric-à-brac de breloques que l'on troque
Quelques trucs pour les triques et le traque
Il y en avait des choses dans ce tas et dans mon sac

J'aimerais ordonner mon plan mais ici l'abscisse
Mène vers l'abysse alors je vise le zénith.
Mais le Vésuve crashe de tes couleurs
Et la fumée obscure mes pensées.
Mais je te vois plus clair que jamais

La vie se joue de nous
Et à notre tour
Nous jouons tous d'un instrument
Parfois de bois, parfois une voix
Et le silence ne finit pas toujours
Et notre art ne connait pas le jour
Mais une audience avec patience
S'assoit des fois et suit la cadence
Et la performance de l'un se crée un nid où elle se vautre
Dans le silence de celle de l'autre
Dont la lie monte avec son lit
Où perlent des larmes qui nous désarment

Et je te vois danser au milieu du décor
Au pas du temps qui court
Et ta peau rose attire milles vautours qui te pensent mourante
Car tu vis trop vite et perd la tête
Même si tu dis que l'amour te donne raison

Et, sans fautes, je te parlerai de cent de mes fautes
Si vite je ne divague pas de peur que je ne divulgue
Plus que je ne puisse oser
Mais je compose mille proses autour de milles roses
Dont je coupe les ronces que je t'offre en échange

Et c'est bien étrange
Mais au change tu me pardonnes sans trop savoir ce que j'ai fait
Et je reste coupable de mes méfaits
Et prends toute une vie comme sentence
À chercher pénitence noyé dans le regret

On était passionnés, portées et maisonnées nous inspiraient
Et on inspirait les arômes dans l'air qui flottaient avec l'amour.
Entre deux saisons et sans raison
On se retrouva pourtant sans passion.
Alors, sans façon, laisse passer et s'effacer notre passé.
À présent, je ne verrai plus de futur pour nous
Que des aventures qui ne valent plus le coup

À t'entendre

J'aimerais te croire mais à te voir
C'est dur de dire qu'on finit par en rire
Et tu m'écris des lettres difficiles à lire.
L'espoir semble dérisoire quand, avec toi, on me fait choir

Tu me parles de tes peines et je reste à l'écoute
Et le temps passe au compte-goutte
Alors que chaque seconde ce monde me dégoutte

Tu arrives à te lever chaque matin
Et comme une chanson sans refrain
Tu te perds dans milles paroles
Et tu te bats pour ne pas devenir folle.
Mais qui donc a écrit ton rôle?
Mais qui donc pense que c'est drôle?

A t'entendre, il y a plus que ce qu'on voit.
Je me mords la langue et éteint ma voix
Me tords le corps et me fais une croix.
Ma foi, que faire d'autre que te joindre là-bas?
Mes mots roulent encore dans ma bouche.
En attendant, je rêve que je te touche
Que je te transporte loin de cette vie
Que tu vies tes envies et non ton ennui

Je pense à toi quand tu ne réponds pas.
J'attends de voir un mot de toi.
Je n'ose pas presser ton pas.
Je sais déjà que tu viens vers moi.
La distance ne peut rien y faire
Ce monde étrange ne peut pas nous distraire.
On sait ce qui compte et on fait le décompte.
L'incertain n'est pas le lendemain
C'est bien lui qui nous revient

Parfois le temps s'arrête
Et on s'attend à une tempête
Mais on s'entête
Et l'histoire se répète.
Le pire ne nous fait pas peur
Loin de là, on attend le meilleur

•·•·•·•·•·•·•·•·•·•·•·•·•·•·•·•·•

.
.
.
.
.
.
.
.
.
.

Scribere est loqui at loqui non est scribere.

Merci à ma famille, mes amis

Et en particulier à

Horimbere Jovithe
Thi Minh Tram Nguyen

C'était dur pour moi de choisir un titre.
Je pense qu'il ne peut pas y en avoir qu'un.

Voici les autres noms que j'attribue à cette collection :

- L'ancre dans l'encre
- L'idée
- À peine poétique
- Dramatisation
- Inconcevable
- La nuance
- Les mots que je garde
- Un poil en deçà
- Jamais à temps
- La version courte
- Un satané machin
- Symboles
- Malentendus et silences meurtriers
- Encore juste des idées
- Je devais savoir
- Le décompte vers l'infini
- La dérive
- Exhibition
- Tactiques insolites
- Mieux que dans ma tête
- Presque rien

www.ingramcontent.com/pod-product-compliance
Lightning Source LLC
Chambersburg PA
CBHW060351050426
42449CB00011B/2934